Ja - wir Binger, wir sind schon klasse

Karl-Josef Jungerts

Ja - wir Binger, wir sind schon klasse

Ein Stadtepos zur Historie von Bingen am Rhein

Bibliografische Information der Deutschen Bibliothek:
Die Deutsche Bibliothek verzeichnet diese Publikation
in der Deutschen Nationalbibliografie;
detaillierte bibliografische Daten sind im Internet
über <http://dnb.ddb.de> abrufbar.

ISBN-10: 3-8334-6070-9
ISBN-13: 978-3-8334-6070-8

Inhaltsverzeichnis

Vorwort

Als mich im Frühjahr 2005 ein guter Freund fragte, ob ich zu einer bevorstehenden Veranstaltung ein kleines Referat über Bingen und seine Geschichte halten könnte, war mir noch nicht klar, auf was ich mich da einließ.

Der Anlass war eine Jubiläumsfeier, zu der Gäste aus ganz Deutschland erwartet wurden. Ihnen sollte ich dann an diesem Abend mit einem unterhaltsamen Vortrag in Reimform, unsere Heimatstadt, in der diese Jubelschar zusammen kam, etwas näher bringen. Es ist ja immer so eine Geschichte mit der Geschichte. Einerseits darf es nicht so langweilig sein, dass sich der Zuhörer schon bald durch die geistige Hintertür verabschiedet, andererseits sollte auch im angemessenen Umfang an Information vermittelt werden.

„Gugge mer mol", war zunächst meine Antwort. Ohne zu wissen, ob ich dieser Aufgabe gewachsen war, machte ich mich an die Arbeit.

Als ich so in die Binger Geschichte abtauchte und mich an den Jahreszahlen bis weit unter Null herunter gehangelt habe, war mir eines, als interessiertem Laien, ganz schnell klar: Bingen muss in der Vergangenheit eine wichtige Rolle für unsere Menschheitsgeschichte und speziell die des Abendlandes gespielt haben. Anders lassen sich die umfangreichen Werke und Sammlungen von geschichtsbezogenen Schriften sowie die zahlreichen Abbildungen kaum erklären...

Während man es bei den Quellen zum Leben und Wirken von Jesus Christus in der Hauptsache nur mit vier Evangelisten zu tun hat, so entdeckte ich beim recherchieren und erkunden der Binger Geschichte geradezu unzählige Heerscharen von Geschichtsschreibern, Historikern, Malern und Autoren.

Diese haben aber jedoch, erstaunlicherweise, alle eines gemeinsam. Nämlich die widersprüchlichsten Angaben und Bewertungen über die geschichtlichen Abläufe und deren zeitliche Zusammenhänge meiner Heimatstadt. Klasse!

Besonders auffällig war, dass je weiter ich in der Zeit zurückging, desto größer die Unterschiede bezüglich der historischen Einschätzung von Jahreszahlen und der dazu gehörenden Ereignisse wurden. Von den Angaben zu ersten Entstehungszeiten der verschiedenen historischen Binger Bauwerke und deren damaliger Nutzung und Bedeutung mal ganz zu schweigen.

Aber im Zweifelsfalle waren es dann wohl doch immer die Römer gewesen. Der ehemaligen, erfindungsreichen Schaffenskraft des römischen Imperiums kann auch heute noch kaum einer widerstehen. Nun ja, die alten Römer können sich auch gegen nichts mehr wehren, was ihnen heute zugeschrieben oder unterstellt wird.

Je mehr ich mich mit der Binger Geschichte beschäftigte, so ungenauer wurden die Erläuterungen der verschiedenen Historiker. Das bot mir natürlich Raum für eigene Beurteilungen und Vermutungen der vergangenen Jahrtausende unserer Stadt, sowie der in dieser Zeit lebenden Einwohner.

Ich beziehe mich also genau auf das, was ein Referent braucht. Nämlich; fundierte und aussagekräftige Quellen, also auf mich. In Zweifelsfällen konnte ich mich immer auf einen der vielen Historiker berufen, der dann genau das Passende zum dem geschrieben hatte, was ich gerade für meinem Vortrag verarbeitet habe.

Als ich einige Wochen später dann meinem Freund versprach, den gewünschten Vortrag zu halten, war dieser sichtlich erleichtert. Auf meine weiteren Anmerkungen, dass dies nicht nur ein Vortrag, sondern wegen der umfangreichen Materie, womöglich ein ganzes Buch werden würde, meinte er nur: „Dann mach' doch".

„Gugge mer mol", so meine Antwort. Und da war es wieder. „Gugge mer mol". Mittlerweile durch meine geschichtlichen Recherchen sensibilisiert, stutzte ich. „Gugge mer mol". Dieser, von uns Bingern so oft und scheinbar nur gedankenlos dahin gesagte Satz, muss historisch gesehen eine besondere Bedeutung haben. Und tatsächlich, meine Vermutung erwies sich als absolut zutreffend.

Der profunde Kenner der Alemannischen Fastnacht vermutet nun hier wohl voreilig eine Verbindung zu der dort verankerten „Guggemusik". Aber nein. Hier wird schon wieder klar, wie schnell falsche Interpretationen (sogenannte „Volksethymologie" wie wir Binger dazu sagen) zu historischen und räumlichen Quantensprüngen führen können.

„Gugge mer mol" heißt nichts anderes als: „Schauen wir mal". Hier sind sich tatsächlich und ausnahmsweise einmal sämtliche, international bedeutende Sprachwissenschaftler einig.

Das hochdeutsche „schauen wir mal" lässt sich, über die vielen Jahrhunderte hinweg, eindeutig vom Binger „Gugge mer mol" ableiten. Seit der Entdeckung der mehrsilbigen Sprache haben sich fast alle Bahn brechenden Erfindungen nach einem „Gugge mer mol" ereignet.

Dass dieser, für die Menschheit so wichtiger Satz, auch von einem nicht näher genannten Fußballkaiser heute noch in seiner Stammessprache benutzt wird, sei hier nur am Rande erwähnt. Forschungsarbeiten zu möglichen Verbindungen zum ober- oder niederbayerischen Sprachraum sind aber noch nicht abschließend zu beurteilen. Anhand dieses abschweifenden Beispiels wird deutlich, wie schwierig und zeitraubend es ist, historische Quellen und Schriften seriös aufzuarbeiten und aufzubereiten.

Eine lange Zeit habe ich mich mit den unterschiedlichsten Quellen, Büchern und Aufzeichnungen über die nun jahrtausende alte Binger Geschichte in dunklen Archiven und am heimischen Schreibtisch auseinandergesetzt. Aber niemals wurde mir diese Zeit zu lang. Viel zu spannend und interessant war für mich auf einmal, die historische Entwicklung meiner Heimatstadt sowie deren Schicksal in den vergangenen Jahrtausenden zu erkennen und zu verstehen und dieses tiefe Nachempfinden des Ursprungs der Binger Seele aufzuschreiben und für die Nachwelt fest zu halten.

So weit es mir möglich war, habe ich stets versucht, mich in die jeweilige Zeit und die dort lebenden Personen zu versetzen. Warum haben meine Vorfahren das eine oder andere so gebaut und nicht anders? Woher erlangten sie diese Erkenntnisse auf welchen ihr damaliges Handeln beruhte?

Erklären kann man einiges davon, aus heutiger Sicht, mit unserem modernen Wissen der Geschichte. Aber nur erklären; beweisen nicht. So sind auch meine Bewertungen und Erläuterungen der Binger Geschichte zum Teil nur Vermutungen. Aber so wie ich uns, die Binger kenne und unsere Vorfahren und Ahnen einschätze, sind meine Ausführungen wohl kaum widerlegbar.

Hierin wird auch unsere lange, christliche Tradition wieder einmal eindrucksvoll erkennbar. Denn wie in der Religion, so ist es auch in der Binger Geschichtsforschung ganz wichtig und unumgänglich: Man muss daran glauben.

Das ist Vergangenheitsbewältigung der besonderen Art.

Ich habe nun diese oft turbulente Geschichte Bingens in einem „kleinen Liebesgedicht" zusammengefasst. Literarisch seht es in der Tradition des Epos, der lyrischen, gereimten Erzählung historischer Fakten. Erinnert sei hier an vergleichbare Werke wie Homers Odyssee, der Heldenepos des Parzival oder das Nibelungenlied, an deren künstlerischen Vorbild ich mich gerne orientiert habe.

So entstand dieses historische Stadtepos als persönliche Liebeserklärung an meine Heimatstadt Bingen, mit, wie ich hoffe, genügend Humor und einem ständigen kleinen Augenzwinkern.

 Und wie es sich für „Liebende" so gehört; nein - nicht blind, aber aus einer etwas anderen, persönlichen Sichtweise.

Die angegebenen Jahreszahlen habe ich nach besten Wissen und Gewissen aus den bereits erwähnten Geschichtsbüchern und historischen Sammlungen übernommen.

Meine Interpretationen und Bemerkungen zu den historischen Zusammenhänge und Ereignissen meiner Heimatstadt beruhen ausschließlich auf meinen persönlichen Schlussfolgerungen. Sie sind daher wissenschaftlichen Ausführungen weit überlegen und für kalte, akademische Recherchen nur begrenzt geeignet.

Ich wünsche dem geneigten Leser trotzdem viel Vergnügen, Kurzweil oder einfach nur gute Unterhaltung beim Lesen meines „kleinen Liebesgedichtes".

Ach ja, das hätte ich beinahe vergessen. Zum besseren Verständnis gebe ich Ihnen, auf der nächsten Seite, noch eine kleine Zeittafel auf den geschichtlichen Exkurs mit.

Also dann, „Gugge mer mol".

Karl-Josef Jungerts

Geschichtliche Zeittabelle

vor ca. 500.000 Jahren	Homo Heidelbergensis; Werkzeugfunde bei Bingerbrück
seit ca. 4.000 v. Chr.	Steinzeitliche Besiedlung
seit ca. 500 v. Chr.	Besiedlung durch die Kelten
50 v. - ca. 400 n. Chr.	Römerzeit
400 - 500 n. Chr.	Völkerwanderung - Hunnen, Vandalen und Alemannen ziehen durch Bingen
500 - 983 n. Chr.	Franken, Karolinger dann fränkisches Ostreich
983 - 1438	Mainzer Erzbischöfe (auch Kurfürsten)
1403	Großer Stadtbrand - fast ganz Bingen wurde zerstört
1438 - 1792	Mainzer Domkapitel
1618 - 1648	Dreißigjähriger Krieg

1689	pfälzischer Erbfolgekrieg, ganz Bingen wurde von französischen Truppen niedergebrannt und zerstört
1792	erneute Besetzung durch Napoleon, Bingen gehörte zu Frankreich
1814	Herzogtum Hessen - Darmstadt, Bingerbrück kommt zu Preußen
1918	Hessen wird Volksstaat - Weimarer Republik
1933 - 1945	NS-Zeit - Bingen wird im 2. Weltkrieg durch Bombenangriffe bis zu 2/3 zerstört
seit 1945	Bingen gehört jetzt zum neu entstandenen Bundesland Rheinland-Pfalz; Regierungsbezirk Rheinhessen erinnert noch an das alte Großherzogtum
1969	Gebietsreform Kreis Bingen wird aufgelöst Bingerbrück wird Stadtteil von Bingen
1970 - 2000	Stadtsanierung

Ja, wir Binger - wir sind schon klasse

- Ein Stadtepos zur Historie von Bingen am Rhein -

Ich möchte Ihnen - die Geschichte von Bingen,
mit diesem Gedicht - ein wenig näher bringen.

So erfahren Sie nebenbei - auch geschwind,
was wir Binger - für ein nettes Völkchen sind.

Seit weit vor der Steinzeit - also schon ganz schön lang,
beherrschen wir hier in Bingen - bereits den aufrechten Gang.

Doch dann ging es so richtig los - mit den alten Kelten,
die hier bei uns - sozusagen - als die Urbinger gelten.

Die ließen sich hier nieder - auf ihren haarigen Fellen,
und taten damals - genau hier - eine Siedlung erstellen.

Der Klopp-Hügel - wurde dann mit Baumstämmen befestigt,
damit waren die Kelten - eine ganze Zeit lang - beschäftigt.

Und von dort sahen sie - zu ihren Füßen,
wie Nahe und Rhein - zusammenfließen.

Heißt dieses Flüsschen wirklich - Nahe,
weil dieses Flüsschen - fließt - so nahe?

Nun, ich gestehe es Euch - ich habe jetzt nur Spaß gemacht,
weil als Ursprung - kommt das keltische „Nava" in betracht.

Die Fachleute sind sich einig - und kommen zu dem Schluss,
Nahe leitet sich von „Nava" ab - und bedeutet - wilder Fluss.

Ich kann diese Kelten - nun wirklich gut leiden,
aber hier tun sie wohl - ein bisschen übertreiben.

Doch wie lange - diese Kelten - hier in Bingen waren,
könnt Ihr - durch ein altes Sprichwort - noch erfahren.

In dem es heißt: „Kurz vor Christi Geburt,
- waren die Kelten furt".

Die Römerzeit

Weil sodann - wie konnte es anders sein,
kamen die Römer - zu uns an den Rhein.

An den schönsten Stellen - da schauten sie sich um,
und bauten dann - genau hier - Castellum Bingium.

Bingium - ist zwar ein keltisches Wort,
dieses übernahmen - die Römer sofort.

Die ließen öfters - die keltischen Wörter verschmelzen,
Bingium - bedeutet nichts anderes - als Loch im Felsen.

So paar Kelten waren dann noch hier - ganz offenbar,
doch jene stellten nur noch - die Zivilbevölkerung dar.

Den Römern hat es bei uns wohl - auch viel Spaß gemacht,
denn sie haben nicht nur - die Straße nach Trier hier bewacht.

Sie verstanden schon damals - ganz gut zu leben,
und brachten uns mit - die süßen Reben.

Doch wegen dem guten Wein - so hat es ein Chronist berichtet,
wurde auf den aufrechten Gang - wieder teilweise verzichtet.

Das erste Kastell - das die Römer hier errichtet hatten,
bestand nur aus Baumstämmen - und ein paar Latten.

Und weil Bingen so wichtig - für die damalige Welt,
haben die Römer - über die Nahe - eine Brücke erstellt.

Tutor - der Treverer - war über die Römer so empört,
deshalb hat er im Jahre 70 - unsere Brücke zerstört.

Diese Treverer wohnten damals - in den Trierer Landen,
deshalb sie mit den Römern - stets auf Kriegsfuß standen.

Ja, wegen der Brücke - da war hier der Teufel los,
die Römer riefen - unsere Brücke - wo ist sie bloß.

Und da dieser Tutor nun mal - diese Brücke geklaut,
haben die Römer - dann wieder - eine neue gebaut.

Das römische Heer bestand aus vielen Völkern - dazumal,
daher waren wir Binger - zu der Zeit - schon international.

Weil kurz darauf der Limes - drüben im Taunus entstand,
wurden unsere - römischen Truppen - dorthin entsandt.

So entstand hier bei uns - eine zivilere Lebensform,
Handel und Handwerk - entwickelten sich - enorm.

Darauf gaben die Treverer - endlich wieder ruh',
und schauten - unserem Treiben - zufrieden zu.

Die Germanen haben sich dann - über die Römer so erzürnt,
und deshalb - in 4. Jahrhundert - den Limes gestürmt.

Ein Teil der Römer - taten sich hier wieder vereinen,
um sich an unseren starken Schultern - auszuweinen.

Durch unseren Trost - haben sie sich - wieder besonnen,
und mit dem Bau - eines „Castrums" aus Stein - begonnen.

Das war doppelt so groß - wie das alte Castell,
stand aber - fast genau - an der gleichen Stell'.

Und nur - um ihre römischen Nerven - zu schonen,
durften wir Binger nun - darin nicht mehr wohnen.

Wenn das jemand versucht hätte - den hätten die gelyncht,
daher haben wir ihnen - einen dünnen Stuhlgang gewünscht.

Als ich so stöberte - in einem alten Archiv,
stieß ich auf den größten - Binger Superlativ.

Das Unglaublichste - aus der Binger Geschichte,
will ich Euch nun - in diesem Kapitel - berichte'.

Bei uns fand man - in der Mitte des 19. Jahrhunderts,
einen römischen Grabstein - nun - wen verwundert's.

Doch die Archäologen - waren völlig verstört,
weil dieser einem - „Abdes Pantera" - gehört.

Grabstein des
„Abdes Pantera"

Warum die Historiker - so aus dem Häuschen waren,
sollt Ihr nun - durch die - folgenden Verse erfahren.

Der jüdische Talmud - behauptet ja glatt,
dass Jesus - einen leibhaftigen Vater hat.

Er sei syrischer Söldner - mit Namen „Abdes Pantera“,
und war damals - römischer Hilfssoldat - in Palästina.

Auch andere Schriften - die belegen ganz klar,
dass er zur Zeit - von Christi Geburt - dort war.

Seine Kohorte wurde dann später verlegt - kurzum,
nach Germanien - zu uns - ins Castellum Bingium.

So hätte er - in Palästina - und das ist nicht zu fassen,
seine Maria - mit Sohn Jesus - dort zurück gelassen.

Bei uns hat er auch - mit manchen Frauen liebäugt,
und sicherlich mit ihnen - so manches Kind gezeugt.

Wenn dies wirklich stimmt - ist doch hoch interessant,
dann wären wir Binger - mit Jesus Christus verwandt.

Spätestens ab jetzt - da weiß es jedes Kind,
dass wir Binger - was ganz Besonderes sind.

Wie man weiter - auf diesem Grabstein lesen kann,
verstarb Pantera - hier bei uns - dann irgendwann.

Das römische Ärztebesteck

Vor paar Jahren - da fanden wir - zufällig im Dreck,
unser weltberühmtes - Binger - Ärztebesteck.

Als Grabbeigabe - hatte es ein römischer Arzt mitbekommen,
und weil er es nicht mehr braucht - wurde es ihm abgenommen.

Und was fand man nicht so alles - in seinem Urnentopf,
Skalpelle und Haken - sogar einen Bohrer für den Kopf.

Einige Schröpfgefäße und Dosen - alle bestens erhalten,
das war medizinischer Fortschritt - für die Römer - die alten.

Figuren von einem Nilpferd - und der Uräusschlange,
ja, die Liste dieser Fundstücke - ist ganz schön lange.

Daher sage ich es hier - voller Bescheidenheit,
es ist das Umfangreichste - aus römischer Zeit.

Und so wissen wir - seit dem man - das Besteck dort fand,
wir Binger waren schon damals - auf dem neusten Stand.

Betrachten könnt' ihr Euch dieses - im Museum am Strom,
ein Zeugnis antiker Heilkunst - vor der Gesundheitsreform.

Villa Rustica

Auch zwei römische „Villae Rusticae“ - haben wir hier entdeckt,
eine im Binger Wald - die Andere ist in Kempten noch versteckt.

Und seit dem wir die - bei uns - im Boden fanden,
da wissen wir auch genau - wo diese einst standen.

Seit einiger Zeit - wird eine - im Binger Wald ausgegraben,
geht mal hin und seht nach - was wir schon gefunden haben.

Doch das ist keine römische Villa - bevor ihr enttäuscht seid,
eine „Villa Rustica“ - war nur ein Bauernhof - zur Römerzeit.

Nach den Römern

So ganz plötzlich - hatte die Völkerwanderung begonnen,
deshalb sind viele Völker - auch nach Bingen gekommen.

Nun weiß man - warum sich - die Alemannen so nannten,
ganz einfach - weil sie „alle Mann“ nach Bingen rannten.

Die Römer wurden hier damals - von ihnen verjagt,
dann haben die Hunnen und Vandalen - bei uns getagt.

Zur der Zeit - hat es vielen Völkern - hier so gut gefallen,
dass sie ständig - ganz wild waren - Bingen zu überfallen.

Daher - wechselnden die Herrscher - hier einige Male,
doch ich verschone Euch - mit all' diesen Jahreszahle'.

Diese vielen Daten - will ich nun wirklich nicht erwähnen,
sonst schlaft Ihr mir noch alle ein - oder fangt an zu gähnen.

Aus dieser Zeit - lebt auch keiner mehr - von uns Bingern,
und selbst wenn - könnte sich da - niemand mehr erinnern.

Das Christentum

Doch dann im 5. Jahrhundert - schöpften wir neuen Mut,
da wurde nämlich Bingen - ein fränkisches Königsgut.

Und hundert Jahre vorher - so sprach es sich herum,
da kam zu uns nach Bingen - auch das Christentum.

Das kann ich daher so genau sagen - wir Ihr gleich seht,
weil dieses - auf einem uralten Grabstein - noch steht.

Erwähnt ist auf diesem - ein christlicher Priester,
mit Namen - AETHERIUS - ja genau so hieß er.

Dieser Grabstein - ist heute sogar noch da,
zu sehen im Barbara-Bau - unserer Basilika.

Nur wer - uns so munter - zu dieser Zeit missioniert,
ist leider - auf keiner einzigen - alten Urkunde notiert.

Grabstein des
Aetherius

Die Erwähnung - des neuen Glaubens - ist erstaunlich knapp,
ich denke - unsere Missionierung - lief wohl sehr unblutig ab.

Auf die christliche Religion - wollte hier niemand verzichten,
denn in der Bibel - da stehen ja - so interessante Geschichten.

Wie zum Beispiel - diese Hochzeit - von Kanaan,
also - wie man aus Wasser - auch Wein machen kann.

Das hatte uns logischerweise - ganz stark interessiert,
und darauf hin - haben wir das ständig - ausprobiert.

Deshalb behaupten - so ein paar boshaften Zungen,
das wäre - einigen Winzern - wohl auch gelungen.

Aber lasst - diese bösen Pharisäer - nur reden,
unser Binger Wein - ist der Himmel in Reben.

Vielleicht - weil der Wein - die letzte Zeit etwas teuer,
kommt so mancher Winzer - wohl doch ins Fegefeuer.

Jetzt bin ich - gedanklich - etwas abgetrieben,
im 5. Jahrhundert - war ich stehen geblieben.

Die folgenden 500 Jahre - ist nicht viel passiert,
was von Bingen - irgend jemanden - interessiert.

Erst um das Jahr 1000 - so steht es im Archiv,
sind unsere Geschichtsschreiber - wieder aktiv.

Burg Klopp

Auf dem Klopphügel - der Anhöhe - über unserer Stadt,
es schon seit den Kelten - eine Befestigung gegeben hat.

Und als dann - die Römer - diesen Hügel erklommen,
wurde diese - zu einem Teil - von denen übernommen.

Das war noch keine Burg - und schon gar nicht aus Stein,
denn dafür - war Bingen zu der Zeit - noch viel zu klein.

Vermutlich im 11. Jahrhundert - hat man sich getraut,
und diese Burg - mit dem Brunnen - aus Stein gebaut.

Wer mit dem Bau begonnen - ist bis heute nicht klar,
sicher ist nur - eine Burg war gebaut - egal wer's war.

Nur weil man sie schon früher - einmal Druseburg genannt,
ist das kein Beweis - dass sie zu Drusus Zeiten schon stand.

Ob die Erbauer des Brunnens - nun doch die Römer waren,
da liegen sich die Historiker - bis heute noch in den Haaren.

Ich glaube nicht - dass der Brunnen so alt ist - ganz ehrlich,
für die Römer - war ein solcher - mit Sicherheit entbehrlich.

Dort war nur ein Beobachtungsturm - da hat keiner gewohnt,
und für die paar Legionäre - hätte sich der Bau nicht gelohnt.

Weil die Römer - an der Nahe - ihr Castell gebaut haben,
war es überflüssig - dort oben - einen Brunnen zu graben.

Daher glaube ich nicht - dass unsere römischen Vorfahren,
zur damaligen Zeit - wirklich - so restlos - verblödet waren.

Der Reichstag zu Verona

Beim Reichstag in Verona vor der ersten Jahrtausendwende,
ordnete Kaiser Otto II. - wohl dort - alle seine Besitzstände.

Und daher - hatte er - unsere Burg mal so eben,
mit Bingen - an das Mainzer Erzstift vergeben.

Der zuständige Erzbischof - hieß Willigis,
für den war wohl Bingen - nichts billiges.

Aber weil er seinen Feinden - so wenig vertraut,
hat er zur Sicherheit - die Burg Klopp ausgebaut.

Daher saß dort oben - im dunklen Mittelalter,
des Erzbischofes Vogt - unser Stadtverwalter.

In der Zeit - erfuhr Bingen - eine richtige Blüte,
weil Willigis - sich liebevoll - um uns bemühte.

Eine Schule, eine Brücke - und ein Haus für die Kranken,
Kirchen und die neue Burg - haben wir ihm zu verdanken.

Burg Klopp um 1650

So war er für uns - ein Glücksfall - aus historischer Sicht,
er hat das gemacht - was heute - die Politik nur verspricht.

Ein Nachfolger überlies später - mit all' denen Mittel',
Bingen - mit seiner Burg - dem Mainzer Domkapitel.

Und die verstanden es - zu diesen Zeiten,
auch viele Steuern - von uns einzutreiben.

Also, auf Burg Klopp - die über Bingen thront,
hat schon immer - unsere Obrigkeit gewohnt.

Burg Klopp um 1900

Unsere Burg - änderte dann öfters mal - ihre Gestalt,
in Folge von Krieg - Brandschatzung - und Gewalt.

Nach dem dreißigjährigen Krieg - da war es gewiss,
die Burg ist jetzt Ruine - und sie bleibt so wie sie is'.

Das war damals von uns Bingern - ganz clever gedacht,
die Franzosen hätten später - doch alles kaputt gemacht.

Und trotzdem haben die sich - noch mächtig angestrengt,
und sogar die Reste dieser Ruine - in die Luft gesprengt.

Ehrwürdige Binger haben später - diese Trümmer gesichtet,
und als romantische Bürger - eine neue Burg - dann errichtet.

Und so wurde die Burg Klopp - wie ihr sie heute anschaut,
vor hundert Jahren - neu - im rheinischen Burgenstil erbaut.

Nun frei vom Tyrannen - nach dieser Neugestaltung,
war sie bald wieder Sitz - von unserer Stadtverwaltung.

Auch wenn der Beamten Leistung - durch nichts gestoppt,
hat der Name dieser Burg - nur wenig zu tun mit - bekloppt.

Denn dieser Name benennt nun - wirklich kein Übel,
im altdeutschen - bedeutet Klopp - Fels oder Hügel.

Die Ritterzeit

Und im 11. Jahrhundert - da war's an der Zeit,
da kamen auch zu uns - die alten Rittersleut'.

Die haben am Rhein - ihre Burgen gebaut,
und kassierten - schon damals - eine Maut.

Jedoch die Binger Ritter - lebten früher nicht vom Raub,
das waren die anderen, - rheinabwärts - Richtung Kaub.

Unsere haben nur - hier am Rhein - rumgehockt,
und die Handelsschifffahrt - so richtig abgezockt.

Zu dem Zweck - taten sie auch - den Mäuseturm neu errichte',
doch, wie der zu dem Namen kam, - ist 'ne andere Geschichte.

Der Mäuseturm

Diese Mär ereignete sich schon - vor cirka Tausend Jahr',
als Hatto der Zweite - in Mainz - dort Erzbischof war.

Das Volk litt unter dem Tyrann - eine große Hungersnot,
der Erzbischof aber - verweigerte ihnen - Korn und Brot.

So sperrte er das Volk - in eine Scheune - kurzerhand,
und hat alle Menschen darin - dann grausam verbrannt.

Mäuseturm um 1550
nach einem Holzschnitt
von Sebastian Münster

Aus dieser Asche rannten dann - viele Mäuse ohne Rast,
und verfolgten den Erzbischof - bis in seinen Palast.

Und dieser Erzbischof - also Hatto der Zweite,
suchte vor den vielen Mäusen - dann das Weite.

So wollte er sich - auf der Rheininsel - hier bei Bingen,
vor seinen tierischen Verfolgern - in Sicherheit bringen.

Doch diese Mäuse - ich werde das nie vergessen,
haben ihn - im Mäuseturm - dann aufgefressen.

Und wegen diesem - Mäuse-Sturm,
heißt dieser - heut' noch - Mäuseturm.

Einige sagen nun - das ist eine Mär - aus alten Zeiten,
weil Mäuseturm - würde sich von - Mautturm herleiten.

So entstand der Name - entsprechend der Norm,
der 5. - mittelalterlichen - Rechtschreibreform.

Ich bekunde es hiermit - und gestehe Euch allen,
die Sage mit den Mäusen - hat mir viel besser gefallen.

Trotz aller Mythen - die sich um diesen Turm ranken,
kam dieser - im Rhein - nur selten ins wanken.

Und wie es schon - seit jahrtausenden Tradition,
hatte er seit den Römern - immer eine Funktion.

Doch weil man von den Römern - auf der Insel nichts fand,
zweifeln einige - ob zu der Zeit - schon ein Turm dort stand.

Ich glaube die Römer - waren wohl kaum so bescheuert,
um nicht zu beobachten - wer den Rhein entlang steuert.

Damals war es für die auch wichtig - den Rhein zu erkunden,
das beweisen die Römerschiffe - die man in Mainz gefunden.

So vermuten manche Historiker - also nicht nur ich allein,
dass schon die Römer einen Wachturm hatten - dort im Rhein.

Den Turm übernahmen dann die Franken - an diesem Ort,
denn was sich mal bewährt hat - das führt man gern fort.

Sicher ist - dass der Turm vor 1000 Jahren schon stand,
weil er zu dieser Zeit - schriftliche Erwähnung fand.

Und nur kurz darauf - so wird es berichtet,
wurde er endlich - auch - in Stein errichtet.

Mäuseturm
um 1650

Wie Eingangs schon - von mir beschrieben,
wurde er ab dann - als Zollstation betrieben.

In den folgenden Jahrhunderten - war er sehr begehrt,
da kein Schiff - unkontrolliert - an ihm vorüber fährt.

Und weil öfters sich Treibgut - an ihm verhaspelt,
wurde ständig - am Mäuseturm - herumgebastelt.

1689 - zieht sich durch die Geschichte - wie ein roter Faden,
weil die Franzosen - hier in Bingen - alles angezündet haben.

Was nach diesem Brand - von dem Turm blieb stehen,
wurde provisorisch - mit einem Notdach versehen.

Diese Ruine hielt nur mit Mühe - dem Eis und Hochwasser stand,
das erklärt - wieso man von den Römern und Franken nichts fand.

Die hatten damals - für den Turm - nur Holz genommen,
und das ist - schon lange - rheinabwärts geschwommen.

Im 19. Jahrhundert hat ein Preußenkönig - den Turm renoviert,
und somit die Grenze - seiner alten Rheinprovinz demonstriert.

Danach war er Warschauerstation - für den Rhein bei Bingen,
damit die Rheinschiffe nicht - im Binger Loch untergingen.

Seitdem nun der Turm - auch diese Funktion nicht mehr hat,
ist er nur noch - das berühmte Wahrzeichen - unserer Stadt.

Mäuseturm seit 1858

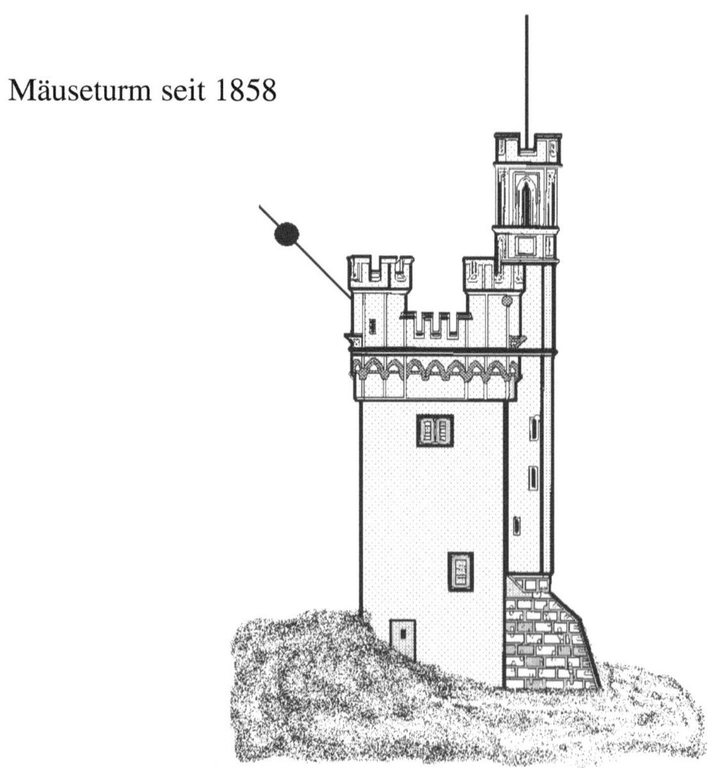

Die Leinpfade am Rhein

Im Mittelalter wurden - auf des Rheines Wogen,
die Schiffe - flussaufwärts - durch Pferde gezogen.

Diese Zugtiere gingen - direkt am Ufer entlang,
und schleppten die Schiffe - an einem langen Strang.

So entstanden dann Pfade - durch der Pferde Gewicht,
daher man noch immer - von einem „Leinpfad" spricht.

Diese Wege - haben wir uns - bis heute bewahrt,
es sind die gleichen - auf denen Ihr Fahrrad fahrt.

Leicht geebnet haben wir diese - für Eu're Tour am Rhein,
uns Bingern - fällt für unsere Gäste - halt immer was ein.

Der Nibelungenschatz im Binger Loch

Jetzt kommt hier - die Sensation - wenn man's richtig bedenkt,
Hagen von Tronje hätte bei uns - den Nibelungenschatz versenkt.

Man muss nur an den Schatz glauben - das ist nicht übertrieben,
denn im Nibelungenlied - dort steht es - genau so beschrieben:

„Er ließ ihn - zu Lôche - versenken im Rhein",
da kann ja nur - das Binger Loch - gemeint sein.

Und um daran zu glauben - gibt es noch einen Grund,
zu der Zeit - gehörte Bingen - tatsächlich zu Burgund.

Das mit dem Nibelungenschatz - ist eine tolle Geschicht',
doch wo dieser jetzt genau liegt - das verraten wir nicht.

Dies würde auch nichts nutzen - falls der Schatz hier versenkt,
den geben wir nicht mehr her - weil - geschenkt ist geschenkt.

Vielleicht stehen wir auch - an der Mark zu Niflheim,
Ihr seht - hier in Bingen - da kann alles möglich sein.

1906 - fing ein Oberleutnant Hosemann,
damals - im Binger Loch - zu suchen an.

Und der hätte tatsächlich - bei seinem Erkunden,
zwölf goldene Becher - und ein Schwert gefunden.

Doch - der erstaunlichen Erzählungen - nicht genug,
es wäre das Schwert - welches Hagen von Tronje trug.

Der Leutnant hätte dann - diesen Fund mal so eben,
dem Kunstgewerbemuseum - in Berlin - übergeben.

Und so habe ich es - in den Annalen vernommen,
wären dieser - dann dort - niemals angekommen.

So ist dieser Fund - seit diesen Stunden,
nicht mehr da - also erneut verschwunden.

Ich will Euch jetzt nicht - jeder Illusion berauben,
aber wie schon gesagt - man muss daran glauben.

Das Nibelungenlied spricht zwar - vom „Loche am Rhein",
ich denke - hier darf man getrost - geteilter Meinung sein.

Die Drususbrücke

Im 11. Jahrhundert wurde die Drususbrücke gemauert,
so hat sie all' die Jahre - dort an der Nahe - überdauert.

Daher kann ich es jetzt sagen - damit Ihr es wisst,
dass sie die älteste Steinbrücke - in Deutschland ist.

Und weil man der Konstruktion - damals so wenig vertraut,
ist im ersten Pfeiler - vorsichtshalber - eine Kapelle eingebaut.

Dort konnte sich jeder - göttlichen Beistand erflehen,
bevor man es wagte - über diese Brücke zu gehen.

Eines das scheint noch - äußerst interessant,
sie nie - eine urkundliche Erwähnung fand.

Irgendwie - finde ich das - sonderbar,
denn diese Kapelle - ist schon lange da.

Dem Baustil zufolge - kommt man zu dem Schluss,
dass sie zu Zeiten - von Willigis - erbaut sein muss.

Früher baute man öfters - in die Brücken - solche Kapellen,
um diese Brücken - unter den Schutz des Klerus zu stellen.

Trotz alledem - wurde die Drususbrücke - schon so oft zerstört,
keiner weiß - was noch ursprünglich - zur alten Brücke gehört.

Nach dem Feldherrn Drusus - ist sie nur deshalb benannt,
weil früher - flussabwärts - eine römische Holzbrücke stand.

Dieser - unser alter römischer - Claudius Drusus,
war ein Stiefsohn - vom damaligen Kaiser Augustus.

Drususbrücke um 1800
mit Siechhaus und Brückenfigur

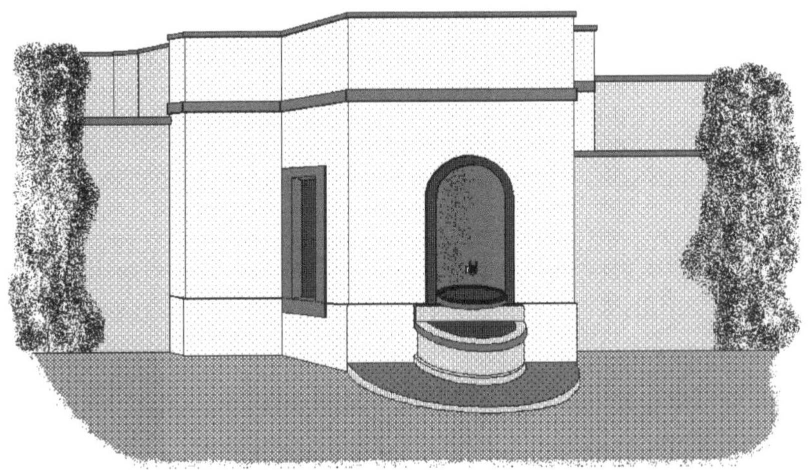

Der alte Drais-Brunnen - am Amtsgericht,
hat historisch gesehen - sehr viel Gewicht.

Ob ihn die Römer - uns schon bescherten,
konnte bis heute - nicht bewiesen werden.

Was einige dann - doch sehr verwundert,
er stammt erst - aus dem 12. Jahrhundert.

Dort war früher ein Sumpfgelände - wie man weiß,
und Sumpf nannte man - im althochdeutschen - Drais.

Eine andere Namensdeutung - an dieser Stelle,
das gotische „Driusan" - heißt sprudelnde Quelle.

Hinter diesem Brunnen - unter dem Berg entlang,
verläuft ein etwa - vierhundert Meter - langer Gang.

Dort sammelt sich noch heute - wie in einem Fass,
aus verschiedenen Quellen - das kostbare Nass.

Weil man damals bei Nacht - die Stadttore verschlossen hat,
konnte niemand - an den Drais-Brunnen - aus unserer Stadt.

Und so beschrieb es - im 16. Jahrhundert - ein Verfasser,
leitete man von dort - bis in die Innenstadt - das Wasser.

In unterirdischen Röhren - so kam es sauber und klar,
an den Speisemarkt - wo es allen dann zugänglich war.

So haben wir - die Binger - es dann fertig gebracht,
frisches Trinkwasser zu haben - bei Tag und bei Nacht.

Eine Legende um den Brunnen - die sagt es ganz forsch,
unsere Binger Babys - bringt nicht - der Klapperstorch.

So erzählte man es den Kindern - in früheren Epochen,
die Babys kämen alle - aus dem Drais-Brunnen gekrochen.

Aber heute wissen es schon die Kleinsten - ganz allgemein,
das muss ein schönes - altes - Binger Ammenmärchen sein.

Die Stadtrechte

Um 1250 - darauf können wir uns heute beziehen,
wurde Bingen - endlich das Stadtrecht verliehen.

So hatten wir dann - seit genau dieser Zeit,
ein eigenes Stadtsiegel - und die Gerichtsbarkeit.

Dieses Stadtrecht war für uns - ein richtiger Segen,
weil ab dann - durften wir - eigene Münzen prägen.

Unsere „Münze" - mit der dazugehörigen Kasse,
stand damals - wohl behütet - in der Schlüsselgasse.

Und wie das halt - manchmal so ist - im Leben,
haben wir dieses Geld - schon lange ausgegeben.

Mit einer Kopie des alten Stadtsiegels - aus jenen Zeiten,
ehren wir heute - in Bingen - verdiente Persönlichkeiten.

Das Mittelalter

Tja - was gibt's von Bingen - noch zu berichte',
über seine lange - mittelalterliche Geschichte ?

Früher ist wohl öfters einer - mit 'ner Fackel rumgerannt,
weil Bingen - ist im Mittelalter - ständig abgebrannt.

Womöglich war da - auch der gute Wein mit im Spiel,
das ist nur eine Vermutung - darüber weiß man nicht viel.

Die schwerste Feuersbrunst - die tobte 1403,
da war es mit der Stadt - um ein Haar vorbei.

Aber wenn man sich - die mittelalterliche Chronik anschaut,
wurde in Bingen stets - alles ganz schnell wieder aufgebaut.

Und dieses - damals - ganz ohne Bausparkasse,
ja - wir Binger - wir sind halt schon - klasse!

Der alte Kran

Aus der Zeit - steht am Rhein noch - ein alter Kran,
mit dem wurde früher entladen - so mancher Kahn.

Der Konstrukteure - größter Stolz,
die Mechanik besteht - aus purem Holz.

Dort wurde dann - nur - durch Muskelkraft,
so manche Schiffsladung - an Land geschafft.

Das Seil - das man um die Schiffsfracht gelegt,
wurde nur - durch ein großes - Laufrad bewegt.

Die Kran-Mannschaft - ist dann - ohne zu verschnaufen,
wie ein Goldhamster - in diesem Rad - herum gelaufen.

Glaubt nur nicht - dass man damals - diese Arbeit scheute,
der Kranmeister und seine Helfer - waren angesehene Leute.

Anders als in einer Tretmühle - in der man nur mahlt,
wurde die Besatzung eines Kranes - sehr gut bezahlt.

Früher waren es drei Kräne - die man ins Mittelalter datierte,
für welche - die damalige Obrigkeit - auch Steuern kassierte.

Der alte Kran - wurde erst neulich - aufwendig restauriert,
jetzt ist er der einzige am Rhein - der wieder funktioniert.

Der alte Kran
heute

Da das Rheinvorgelände aufgeschüttet wurde - irgendwann,
steht heute - der alte Kran - nicht mehr direkt am Ufer dran.

So ist - seit etwa hundert Jahren - um es abzurunden,
der untere Teil des Kranes - in der Erde verschwunden.

Solltet Ihr einmal - einen Stadtführer begleiten,
könnt Ihr noch - mit ihm - dort hinunter steigen.

Hildegard von Bingen

Ganz wichtig - für jeden Tourist - ist vor allen Dingen,
das Leben und Wirken - der Heiligen Hildegard von Bingen.

Bis heute ist es - noch nicht ganz klar,
wann und wo - Hildegard geboren war.

Viele Überlieferungen - stimmen dahin gehend überein,
im Jahre 1098 - war sie wohl geboren - in Bermersheim.

Die Gräfin Jutta von Sponheim - war ihr sehr gut gewogen,
so ist sie achtjährig - mit dieser Nonne - ins Kloster gezogen.

1147 - kam die Hilde - von diesem Disibodenberg,
hierher - zu uns nach Bingen - an den Rupertsberg.

Aufbauen wollte Hildegard - hier eine neue Abtei,
und dazu - hatte sie etwa - zwanzig Nonnen dabei.

Mit ihnen hat sie hier - ihr erstes Kloster gegründet,
von wo aus sie dann - ihre Visionen verkündet.

Da Hildegard und ihre Nonnen - von adligem Geblüt,
waren deren Familien - stets um das Kloster bemüht.

So entwickelte sich nun - durch des Adels Pracht,
das neue Kloster - schnell zu einer Wirtschaftsmacht.

Deshalb gab es aus Bingen - sehr viele Beschwerden,
weil - man wollte selbst - ein Handelszentrum werden.

Daher haben dann - die Binger Bürger - stets ungeniert,
die Nonnen und ihr Kloster - immer wieder attackiert.

Weil Hildegard - von ihren Visionen - schon erhellt,
hat sie ihr Kloster - unter kaiserlichen Schutz gestellt.

Durch dieses Edikt - gaben sich die Binger geschlagen,
und haben sich mit den Nonnen - halt wieder vertragen.

Beide Seiten haben so - vom Handel profitiert,
was sich über lange Zeiten - für jeden rentiert.

So machen wir - dank ihr - was nur eine Heilige vermag,
unsere Geschäfte mit Hildegard - bis an den heutigen Tag.

Auf anderen Gebieten - war sie ebenfalls sehr belesen,
so war Hildegard auch Ärztin - und Biologin gewesen.

Und als Nonne - hat sie damals - zwar etwas verschämt,
den weiblichen Orgasmus - erstmals urkundlich erwähnt.

Um 1165 - wurde Hildegard - das Kloster Rupertsberg zu klein,
da gründete sie ein zweites - auf der anderen Seite vom Rhein.

1179 - verstarb auf dem Rupertsberg - unsere Hildegard,
ihre Gebeine sind heute - in der Eibinger Kirche verwahrt.

Ihr Hauptwerk „Sci-vias" schrieb sie - mit Gottes Sege',
„Sci-vias" - das heißt auf deutsch - „Wisse die Wege".

Das ist auch ganz wichtig - nach ein paar Gläschen Wein,
also Sci-vias - dann kommst du - im Dunkeln gut heim.

Und wie das mit den schlauen Frauen - aus jenen Epochen,
wurde unsere Hildegard - nie - offiziell heilig gesprochen.

Bis heute - hat man ihr - diese Ehre verwehrt,
von uns aber - wird sie als „Volksheilige" verehrt.

Von ihrem Kloster - tun heute - nur noch Reste stehen,
die könnt ihr in Bingerbrück - in der Villa Herter sehen.

Die Stadtmauer

Im Mittelalter fingen einige - vermutlich an zu saufen,
und haben sich - wohl ständig - öffentlich verlaufen.

So haben wir - wegen dem Saft der Reben,
Bingen - mit einer Stadtmauer umgeben.

Einige Historiker - haben es dann - genau recherchiert,
die erste Mauer hätte schon - bei den Römern existiert.

Das hätte ich mir ja denken können - ich sag' es so frei,
in Bingen kommst Du einfach - an den Römern nicht vorbei.

Schon in das vierte Jahrhundert - wird diese Mauer datiert,
also haben sich auch die Römer - wegen dem Wein verirrt.

Somit - wird es jetzt auch - vielen Historikern klar,
die Mauern gab es nicht nur - wegen der äußeren Gefahr.

Später kam man dann - zu folgendem Schluss,
das die Stadtmauer - wieder wegkommen muss.

Im 18. Jahrhundert - begann man die Mauern abzureißen,
und sie - in die davor liegenden Gräben - zu schmeißen.

Deshalb ist von unserer Stadtmauer - fast nichts mehr zu sehen,
doch dank Hildegard - wissen wir ja - welche Wege wir gehen.

Die Basilika „St. Martin"

Basilika 1646
nach Merian

Unsere Pfarrkirche St. Martin - wurde wie man berichtet,
ursprünglich - auf einem - römischen Tempel errichtet.

Als die Römer - hier - aus Bingen verschwanden,
hat deren alter Tempel - uns nur im Weg gestanden.

So haben wir Binger - diese Fundamente genommen,
und auf ihnen - mit dem ersten Kirchenbau begonnen.

St. Martin von Tours - war der Königsheilige der Franken,
so haben wir denen - unseren Schutzpatron zu verdanken.

Im 8. Jahrhundert wurde sie erbaut - im romanischen Stil,
weil dieser damals - der Bevölkerung - am Besten gefiel.

In jener Zeit - baute man unter den Kirchen - ganz gern,
einen verborgenen Gebetsraum - weil - das war modern.

Dieser heißt Krypta - das ist griechisch - so weiß ich es heute,
und auf deutsch - tut dieses Wort - „die Verborgene" bedeute'.

Auf unsere Krypta - passt ganz besonders - dieser Titel,
was da verborgen ist - erzähl' ich in einem anderen Kapitel.

Unsere Krypta - gibt es noch - wie wunderbar,
zu besichtigen - unter dem heutigen Hochaltar.

Was diese - zusätzlich besitzt - das glaubt Ihr kaum,
eine so genannte „Cella" - also einen zweiten Raum.

Wenn Ihr Euch jetzt einmal - andere Anlagen anschaut,
stellt Ihr fest - dieser zweite Raum - wurde nur hier gebaut.

So haben wir beim Bau - dieser Krypta nicht gespart,
und in dieser „Cella" - kostbare Reliquien aufbewahrt.

Jetzt kann ich mal wieder - einen Superlativ bringen,
eine solche - einmalige Krypta - gibt es nur in Bingen.

1006 - taucht - in ihrem geschichtlichen Verlauf,
erstmals der Name - „Stiftskirche St. Martin" auf.

Wie es sich leider - für die damalige Zeit gehört,
wurde auch „St. Martin" - immer wieder zerstört.

Da uns - an der Stelle - stets eine Kirche vertraut,
wurde sie - 1416 - im gotischen Stil - neu erbaut.

Ein Kreuzgang und das Stift - so wird berichtet,
wurde an dem Gotteshaus - gleich mit errichtet.

Als neue Stiftskirche - St. Martin - wurde sie eingeweiht,
das heißt - nur der Klerus durfte in ihr beten - zu der Zeit.

Und weil uns das - als fromme Bürger - nicht genügt,
wurde 1505 - für das Volk - der „Barbarabau" angefügt.

Der Anbau an der Stiftskirche - der war schon pfiffig,
denn ab jetzt - war dieses Gotteshaus - dreischiffig.

Jetzt konnten ab sofort - die Binger Bürger sehen,
ob die Stiftsherren - dort wirklich zum beten gehen.

Nun war unsere Kirche perfekt - um Gott zu loben,
darum wurden diese Baupläne - sehr gut aufgehoben.

So ist sie baulich fast unverändert - bis an den heutigen Tag,
obwohl „St. Martin" - seit dem - öfters mal in Trümmern lag.

Weil man die alten Pläne noch hatte - und auf Gott vertraut',
wurde diese Kirche - wie sie war - immer wieder aufgebaut.

Und seit 1930 - so habe ich es - noch im Ohr,
trägt sie den päpstlichen Ehrentitel - „Basilica minor".

Das heißt, - wenn der Papst mal kommt - so dann und wann,
er in unserer Basilika - auch würdig - die Messe halten kann.

Gott sei Dank - waren wir im Mittelalter - so schlau,
und errichteten - schon damals - unseren Barbarabau.

Denn - will der Papst eine Kirche - zur Basilika weih'n,
muss diese Kirche - zu mindestens - dreischiffig sein.

Da auch schon im Mittelalter - einige Binger verstarben,
wurden sie - zu dieser Zeit - um die Pfarrkirche begraben.

Nur weil dort - auf diesem Kirchhof - ihre Gebeine ruh'n,
hat der nahe Freidhof - nichts mit diesem Friedhof zu tun.

Dort konnten damals - die Gesetzesbrecher hin fliehen,
um sich so - der weltlichen Gerichtsbarkeit - entziehen.

Die selbst gewählte Isolation - war ihnen aber - nicht einerlei,
denn wenn sie dort wieder raus wollten - waren sie „vogelfrei".

So mussten diese Schurken - um sich zu schützen,
ihre restlichen Tage - in diesem Bezirk einsitzen.

Der geheime Nahetunnel

Wie versprochen - will ich - hier noch berichte',
eine - wahrhaftig - sagenhafte - Geschichte.

Die Krypta - unter der Basilika - die geheimnisvolle,
spielt darin - sozusagen - eine ganz wichtige Rolle.

Einige behaupten - dass sich unter der Nahe ein Tunnel befand,
von Bingen nach Bingerbrück - wo Hildegards Kloster stand.

Für diejenigen - die sich mit dem Gang - historisch beschäftigen,
waren mal wieder - unsere Römers - die üblichen Verdächtigen.

Ob die Römer - ihn gebaut haben - darüber weiß man nicht viel,
doch jetzt - kommt endlich - unsere alte Krypta ins Spiel.

Denn dort - so stimmen einige Berichte überein,
muss einer der Eingänge - zu diesem Tunnel sein.

Da unten - man auch den Anfang - einer Treppe fand,
doch die Treppenstufe - liegt direkt - vor einer Wand.

Ein wichtiger Hinweis - ist das sicherlich wohl,
denn beim Klopfen - klingt diese Wand ganz hohl.

Vor ein paar Jahren wurde - der Heizung wegen,
die Wand geöffnet - um dort Rohre zu verlegen.

Da sah man - dass sich hinter dieser Wand,
eine große Menge - alter Schutt befand.

Leider wurde - was von uns - jeder bedauert,
dieses Loch - tatsächlich - wieder zugemauert.

Über dem Durchgang - ist ein Stein mit vielen Zeichen,
einige meinen - der würde - einem Wegweiser gleichen.

Das ist - wie ich denke - schon wirklich sonderbar,
aber nicht der einzige Hinweis - dass ein Gang dort war.

Denn beim Bau des Kulturzentrums - wurde nach Stunden,
1973 - bei der Kirche - unterirdische Mauerreste gefunden.

So konnte man - durch diese Grabung - registrieren,
dass dort doch - unterirdische Gänge existieren.

Durch die Lage - der Mauern - an dieser Fundstätte,
glaubt man - dass der Tunnel mehrere Eingänge hätte.

1983 - wurde - so hat es sich damals ergeben,
in der Nahe gebaggert - um Rohre zu verlegen.

Dort fand man - viele behauene Quader - mit Freuden,
die offensichtlich - auf einen alten Tunnel - hindeuten.

Diese Steine - holte man - auch an Land,
und schaute - was man - so schönes fand.

Spätestens jetzt - da war es jedem klar,
dass dieser Gang - nun voll Wasser war.

Jetzt musste es jeder - sich leider eingestehen,
durch diesen Tunnel - kann keiner mehr gehen.

Möglich, dass diese Steine - von jener Brücke stammten,
welche die Römer - dort damals - in die Nahe rammten.

Soviel - an dieser Stelle - zu der ganzen Theorie,
weil so richtig entdeckt - wurde dieser Tunnel nie.

Konkrete - handfeste Beweise - solche fehlen bislang,
nun gut - sonst wäre es ja auch - kein geheimer Gang.

Binger Kirchen und Kapellen

Früher gab es über 20 Kirchen - hier in Bingen,
in welche die Gläubigen - zum Beten hin gingen.

Bei uns gab es schon immer - sehr viele Fromme,
daher die meisten Binger - in den Himmel komme'.

So gab es hier in Bingen - zu Ehren des Heiligen Nikolaus,
an der Oberen- und Unteren Nikolausgasse - ein Gotteshaus.

Liebfrauenkirche
Rekonstruktion nach
Matthaeus Merian 1646

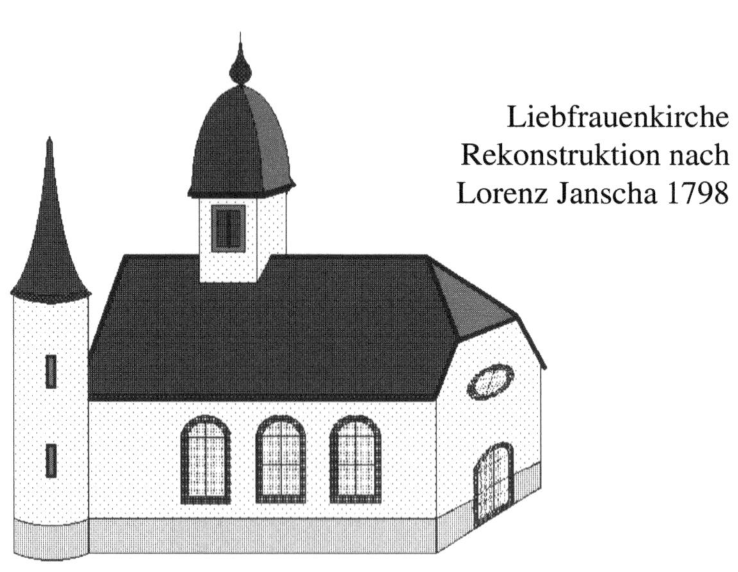

Liebfrauenkirche
Rekonstruktion nach
Lorenz Janscha 1798

Die Liebfrauenkirche - war die Zweitgrößte in unserer Stadt,
jedenfalls 1646 - zu der Zeit - als Merian sie gezeichnet hat.

Sie war - so könnt Ihr es - noch heute nachlesen,
gegenüber - der heutigen Kapuzinerkirche gewesen.

Eine Katharinenkapelle - so ist es berichtet,
wurde neben dem - südlichen Gautor errichtet.

Ihre Grundmauern - wurden später - überbaut,
wo ihr heute - ins Katharinengässchen schaut.

Am nördlichen Salztor - jedenfalls ganz in der Nähe,
ist auf alten Plänen - die Laurentiuskapelle zu sehe'.

Auch diese Kapelle - steht heute - nicht mehr dort,
nur die Laurenzigasse - erinnert uns - an ihren Ort.

So zeugen bis heute - diese vielen Straßennamen,
an frühere Kapellen - wohin wir zum Beten kamen.

Eine St. Urbankapelle gab es - doch wo war s'e?
nach alten Plänen - in der unteren Rathausstraße.

Diese Straße - so ist es noch vielen Bingern bekannt,
wurde in früheren Zeiten - auch Judengasse genannt.

Die Heilig-Geist-Kapelle - stand Anno „dazumal",
neben dem mittelalterlichen - Binger Hospital.

Dieses Krankenhaus war damals - nicht an heutiger Stelle,
sondern am „Freidhof" - an der alten Heilig-Geist-Kapelle.

Wie diese Gotteshäuser - im Einzelnen ausgesehen haben,
weiß man nicht genau - zu ihnen gibt es wenige Angaben.

Heilig-Geist-Kapelle
Nach einer Federzeichnung
1689

Das waren nun einige Binger Kirchen - und wie Euch bekannt,
wurden viele zerstört - oder sind irgendwann - mal abgebrannt.

Und so konnten halt - in unseren Mauern,
nur wenige - dieser Kirchen - überdauern.

Doch „Gott-sei-Dank" - auch in unseren Zeiten,
haben wir zum Beten - genügend Möglichkeiten.

Nicht nur Hildegard - hatte bei uns - eine Klause,
hier war auch - ein Kapuziner-Orden - zu Hause.

Deren Klosteranlage - wurde um 1650 gegründet,
dort - wo sich heute - unser Krankenhaus befindet.

Weil viele Kirchen - in Bingen - bereits vernichtet,
wurde die Kapuzinerkirche - gleich mit errichtet.

Die alte Laurentiuskapelle - gab es nicht mehr zu dieser Zeit,
so wurde die Kirche der Kapuziner - dem Hl. Laurentius geweiht.

Wie in Bingen so vieles - durch die Franzosen verschwand,
wurde 1689 - das Kloster mit Kirche - erstmals abgebrannt.

Bis zum Ende des 17. Jahrhunderts - so lange hat es gedauert,
dann war das neue Kloster - mit Kirche - wieder aufgemauert.

Fünfzig Jahre später - waren die Mönche - alle sehr vergnügt,
da wurde die Loreto-Kapelle - zur Kapuzinerkirche angefügt.

Loreto ist kein italienisches Kaffeegetränk - wie bekannt,
die Kapelle ist nach dem Wallfahrtsort - in Italien benannt.

Dort wird - wie man - als neugieriger Christ erfährt,
die Mutter Gottes - also Maria von Loreto - verehrt.

Schon wieder durch die Franzosen - so steht es geschrieben,
wurden die Mönche - 1802 - endgültig aus Bingen vertrieben.

So haben - wie es die Geschichtsschreibung verbürgt,
die Kapuziner - etwa 150 Jahre - hier bei uns gewirkt.

Kurz darauf - zog das Heilig-Geist-Hospital - in das Kloster ein,
weil das alte Krankenhaus - am Freidhof - wurde viel zu klein.

Bis heute - ist unser Hospital - nun dort platziert,
wurde ständig erweitert - und stets modernisiert.

Weil an der Kapuzinerkirche - nie ein Turm angebracht,
hat daher ein reicher Binger Bürger - für sich so gedacht:

„Sollte ich - irgendwann - einmal hier versterben,
wird diese Kirche - einen Kirchturm von mir erben".

Da - 1884 - dieser Binger Bürger - leider nicht mehr auf Erden,
konnte durch dessen Erbschaft - nun - der Turm erbaut werden.

Seitdem trägt unsere Kapuzinerkirche - ihr heutiges Kleid,
die doch eigentlich - dem Hl. Laurentius - wurde geweiht.

Daher wäre - Sankt-Laurentiuskirche - der richtige Namen,
doch für uns ist sie die Kapuzinerkirche - in Ewigkeit - Amen.

Der Speisemarkt

Schon im frühen Mittelalter - so ist es glossiert,
hat am Speisemarkt - das Binger Leben pulsiert.

Da trafen sich die Händler, Gaukler und Gestalten,
und haben dort - damals - ihren Markt abgehalten.

Frauen durften zwar auch - zu diesem Markt hinlaufen,
aber ausschließlich - nur Hühner und Eier verkaufen.

Alles Andere - so weiß es der historische Kenner,
war unumstößlich - das Vorrecht der Männer.

Mitten auf dem Platz - stand der „Drüsselbrün" solitär,
sein Wasser bekam er damals - vom Draisbrunnen her.

Der „Winzerknabe" - auch schon - auf diesem stand,
bis dieser Brunnen - 1937 - endgültig verschwand.

Auf dem Speisemarkt - nun ein Zierbrunnen steht,
auf dessen Bronzetafeln - Ihr - Binger Bilder seht.

Das „Empire-Haus" - wenn Ihr nach Westen schaut,
wurde in der Mitte - des 18. Jahrhunderts erbaut.

Vermutlich von Peter Manera - wie Recherchen ergaben,
dessen Familien - auch die Loretokapelle - gestiftet haben.

Später wurde es Sitz - der Ordnungsmacht,
die Polizeiwache - war dort untergebracht.

1906 wurde es von Puricelli - gekauft und verwaltet,
und danach - zu einem Geschäftshaus - umgestaltet.

Die Puricellis kamen - aus der Lombardei,
und wurden hier reich - mit der Eisengießerei.

So hat schon Ida Dehmel - die wir Binger alle lieben,
in ihrem Roman „Daija" - dieses Haus beschrieben.

Ida Dehmel war eine Freundin Stefan Georges - wie bekannt,
deshalb ist nach ihr auch - ein Saal im „Haferkasten" benannt.

Der Dreißigjährige Krieg

Doch zurück - in die Zeit - des Prager Fenstersturz,
da kamen wir in Bingen - leider auch nicht zu kurz.

Und weil hier - bei uns - nun mal der Nabel der Welt,
hat sich der Dreißigjährige Krieg - auch zu uns gesellt.

Wir waren tolerant - gegen jede Religion,
aber wen interessierte - das damals schon.

Jedenfalls - gab es hier - ganz großen Stunk,
nicht zuletzt - wegen diesem Schwedentrunk.

Und in Abwandlung - an diesen Trank der Schweden,
machen wir heute noch - manches mal - davon reden.

Denn - genießen wir einen - ganz besonderen Wein,
so fallen uns - die Worte - eines alten Weinkenners ein.

Der Wein, der mundet - als würden Engelchen ohne Windeln,
beim Trinken - uns ständig - auf unsere Zunge pinkeln.

Kaum war - der Westfälische Friede ausgebrochen,
haben sich die Schweden - auch wieder verkrochen.

Das alte Amtshaus

Doch Burg Klopp war jetzt kaputt - und so ist ungelogen,
unsere Obrigkeit - von da oben - in die Stadt umgezogen.

Der „Stockenheimer Hof" - den man als würdig empfand,
wurde 1587 erbaut - und nun - zum Amtshaus umbenannt.

Das Gebäude - dort in der Stadt - wurde bewusst ausgebaut,
so haben diese Herren - uns wieder auf die Finger geschaut.

Im Jahr 1689 - aus dem - diese Meldungen stammen,
wurde auch unser Amtshaus - ein Raub der Flammen.

Der Neubau - erfolgte dann - im barocken Stil,
ich kann Euch nur sagen - das kostete uns viel.

Napoleon hat dann Bingen - 1793 - annektiert,
und aus diesem Amtshaus - uns streng regiert.

Vor überhaupt nichts - wurden wir verschont,
sogar General Bernadotte - hatte dort gewohnt.

Der machte auch mal - von sich reden,
als späterer König - von den Schweden.

Die Folgenutzung des Hauses - hatte viele Facetten,
erst Schule - dann Unterkunft - für deutsche Kadetten.

Anfang des 20. Jahrhunderts - wurde mit bedacht,
die hessische Baugewerbeschule - dort untergebracht.

Dieses geschah dann leider - ohne baulichen Verstand,
weil mit dem Umbau - der barocke Baustil verschwand.

Nach dem 2. Weltkrieg - als hier - fast alles vernichtet,
wurden einige Wohnungen - in dem Gebäude errichtet.

Die Stadtkasse - und die Stadtbücherei,
kamen später - dann - auch noch dabei.

Das alte Rathaus

Altes Rathaus
um 1900

Ein Rathaus - hatten wir lange schon,
sozusagen - als bürgerliche Institution.

Damit die Mainzer Erzbischöfe - auch die Steuern erhalten,
durften wir uns - im 14. Jahrhundert - schon selbst verwalten.

Das erste Rathaus - so kann man es lesen,
war ein prächtiger - gotischer Bau gewesen.

Da es in Bingen - immer wieder gebrannt,
unser Rathaus - ebenfalls - oft neu erstand.

Ob als „halbes Haus" oder als Viereckgebäude,
zuletzt war es neugotisch - so wissen wir's heute.

Eines steht jedenfalls fest - das ist nicht übertrieben,
in dem Rathaus - wurde Stadtgeschichte geschrieben.

Zum Repräsentieren - waren Amts- und Rathaus gedacht,
die Stadtsanierung - hat beide - endgültig platt gemacht.

Statt Erkern, Gauben - und einem gotischem Balkon,
lockt jetzt der Charme - von Klinker und Waschbeton.

Schade, dass man mit dem Abriss - auf jene Häuser gezielt,
die in unserer Geschichte - eine so wichtige Rolle gespielt.

Hätte man die Gebäude renoviert - nur mal angenommen,
wären wir wahrscheinlich - auf riesige Summen gekommen.

Und wie ich unser Amt - für Denkmalpflege - so kenne,
hätten wir für das Geld - den Kölner Dom kaufen könne'.

Namen - erinnern uns noch - seit 1974 - bis heute,
wie Amts- und die Rathausstraße - an diese Gebäude.

Die St. Rochuskapelle

Genau im Jahre 1666 - das steht so fest,
kam zu uns nach Bingen - auch die Pest.

Diese brachte - über die Binger - sehr schwere Not,
fast die Hälfte von uns starben - den schwarzen Tod.

Damit - diese Seuche - wieder schnell vorübergeht,
haben wir - gar nicht dumm - ein Gelübde abgele't.

Rochuskapelle
1667 - 1795

Zum Dank - erbauten wir - die „Rochuskersch",
natürlich - dort oben - auf dem „Rochusbersch".

Schon im Pestjahr - begann man mit dem Bau - bei Zeit,
und so wurde - 1667 - unsere Rochuskapelle eingeweiht.

Doch während wir - an Gesundheit und Jenseits gedacht,
haben sich andere bekriegt - um Geld und Macht.

Wegen den Erbstreitigkeiten - mit der Liselotte von der Pfalz,
hatte der französische Sonnenkönig - 1688 einen dicken Hals.

Um nur keine Ansprüche - beim Erben zu verlieren,
ließ er seine Truppen - auch in Bingen einmarschieren.

Rochuskapelle
1814 - 1889

1689 haben diese Soldaten - die Blütezeit beendet,
unsere Kapelle ausgeraubt - und dann geschändet.

1793 - so ließt man es noch - in den alten Protokolle',
hatten wir uns mit den Franzosen - wieder in der Wolle.

Diese haben schon wieder - dort oben - ihre Stellung bezogen,
darum sind deutsche Granaten - in die Rochuskapell' geflogen.

So wurde die Kapelle zerstört - mit deutscher Gründlichkeit,
es war für ganz Bingen - mal wieder - eine schwere Zeit.

1814 - also neunzehn Jahre - hatte es gedauert,
dann war die Rochuskapelle - wieder aufgemauert.

Rochuskapelle
seit 1895

Im Juli 1889 - so kann man es sagen,
hatte ein Blitz - dort oben eingeschlagen.

Und durch den Wind - dann ständig angefächert,
hat das Feuer - diese Kapelle völlig eingeäschert.

So - wie ihr heute - unsere Rochuskapelle seht,
sie - im neugotischen Stil - seit 1895 dort steht.

Ich weiß - dass Ihr jetzt schon - so etwas ahnt,
Dombaumeister - Max Meckel - hat sie geplant.

Einmal im Jahr - das ist bis heute so Tradition,
machen wir auf den Berg - unsere Rochusprozession.

Mit einer Rochusfigur - bringen wir frommes Zeugnis,
die tragen wir dort hoch - das ist unser alpines Ereignis.

So haben wir Dank - der mittelalterlichen Pest,
bis heute noch - unser berühmtes Rochusfest.

Und wie es halt so Sitte - hier bei uns - im schönen Bingen,
trinken wir dort etwas Wein - und tun fromme Lieder singen.

Selbst schon Goethe - den ein jeder kennt,
hat unser Rochusfest - auch lobend erwähnt.

Nach diesem Fest - muss der Rochus - wieder zu Tal,
und dann kam es schon mal vor - so manches Mal,

dass die Träger - in der Anwesenheit - von uns allen,
kopfüber - mit dem Rochus - in den Weinberg fallen.

Dies kann schon mal passieren - bei Wein und Gesang,
es bleibt furchtbar schwierig - mit dem aufrechten Gang.

Seit 1754 gibt es - völlig unzweifelhaft,
die Binger - Sankt Rochus-Bruderschaft.

Ursprünglich kümmerten sie sich - mit viel Erbarmen,
um die Kranken - Schwachen - Alten - und Armen.

Da die Gesundheitsreform kam - so auf die Schnelle,
sorgen sie sich heute - mehr - um die Rochuskapelle.

Auf dem Rochusberg steht auch - nur ganz im Westen,
ein Aussichtsturm - um die schöne Aussicht zu testen.

Wenn man dann - die hundert Stufen hinauf gerannt,
nach Bismarck wurde dieser Turm - damals benannt.

Dort oben gibt es auch - den Scharlachkopf,
der hat jetzt nichts zu tun - mit einem Kropf.

Den nennt man hier - so allgemein,
wegen seinem - rötlichen Gestein.

Dieser wird auch manchmal - Scharlachberg genannt,
als Weinlage - ist er vielen von Euch - besser bekannt.

Wer kennt sie noch nicht - so muss ich Euch fragen,
unsere - über Bingen hinaus - bekannten Weinlagen.

Damit wir mit diesen - nicht durcheinander kamen,
gaben wir schon - 1248 - den Weinbergen Namen.

Ob „Schwätzerchen" - „Schelmen-" oder „Bubenstück",
hier bei uns - da wachsen die besten Weine - zum Glück.

Seit römische Zeiten - hat in unserer Region,
der Weinanbau - die allerbeste Tradition.

So jubeln - wir Binger - heute noch,
unsere alten Römer - sie leben hoch.

In dem Zehnthof - an der Zehnthofsgasse,
bat man - im Mittelalter - uns zur Kasse.

Damit die Erzbischöfe - gut über den Winter kommen,
haben diese uns hier - den „zehnten Teil" abgenommen.

Das war halt so - in den früheren Tagen,
heute würden wir dazu - Steuern sagen.

Weil unsere Erzbischöfe in Mainz waren - wie bekannt,
wurde der Zehnthof - irgendwann - Mainzer-Hof genannt.

Als die Mainzer Erzbischöfe - sodann alle verstorben,
wurde der Hof - als katholisches Vereinshaus erworben.

Viele Vereine hatten dort - ihr Zuhause,
und feierten darin - so manche „Sause".

Doch dann ist das Gebäude - trotz Protest - von fast allen,
im Jahre 1980 - der Stadtsanierung - zum Opfer gefallen.

Am „Mainzer-Hof-Eck" - seht Ihr noch heute,
ein paar alte Steine - von diesem Gebäude.

Der Dietrichstein

Ein wichtiger Fund - da stimmen die Historiker überein,
ist der - von dem tausend Jahre alten - „Dietrichstein".

Gefunden beim „Mainzer Hof" - und dann restauriert,
dieser hatte wahrscheinlich - eine Grabstätte markiert.

Obwohl der Gedenkstein - in viele Teile zertrümmert,
ist gut zu erkennen - dass er - an einen Dietrich erinnert.

Doch das Besondere - an diesem Stein,
die Inschrift darauf - ist nicht in Latein.

In Deutsch wurde er behauen - für diese Zeit ein Unikum,
so ist er - das älteste Zeugnis - deutscher Rechtschreibung.

Durch ihn wurde es nun bewiesen - ohne zu übertreiben,
wir können schon lange - deutsch lesen und schreiben.

Der Dietrichstein
um 1000

Das älteste Gebäude - das in Bingen noch steht,
ist der „Haferkasten" - den ihr am Freidhof seht.

Seit Ende des 17. Jahrhunderts - steht dieser Fachwerkbau,
nach diesem Überfall der Franzosen - das weiß man genau.

Davor - dass weiß ich - aus sicherer Quelle,
stand unser altes Kaufhaus - an jener Stelle.

Dieses Kaufhaus - war aber nicht in privater Hand,
sondern unter der Aufsicht - der Stadtherren stand.

Dort konzentrierte man - das Handelsleben,
um direkt vor Ort - die Steuern zu erheben.

„Haferkasten" heißt das Gebäude - etwa hundert Jahr',
weil früher - das Gasthaus „Zum Haferkasten" dort war.

Vor ein paar Jahren - wurde das Haus - gründlich renoviert,
und heute - ist das Stefan-George-Museum - dort etabliert.

Auch unsere Musikschule - füllt das Gebäude mit Leben,
diese Schüler dann - auch öfters - Konzerte hier geben.

Stefan George - ein großer Sohn unserer Stadt,
weltberühmt - ihn aber hier fast keiner gelesen hat.

Befragt mal - die Binger - nach ihrem Dichter,
so seht Ihr meistens nur - ganz lange Gesichter.

Große Lyrik - in seiner Zeit,
heute nach und nach - in Vergessenheit.

Als seine Werke - hier bei uns - noch mehr bekannt,
wurde damals - das Gymnasium nach ihm benannt.

„Alte Synagoge"
1838 - 1905

Ganz wichtig für mein Gedicht - das ich hier reimte,
ist die Erwähnung - unserer - jüdischen Gemeinde.

Schon seit dem 12. Jahrhundert - so wird es erzählt,
hat sie Handel und Kultur - hier maßgeblich geprägt.

Doch leider - aus den bekannten Gründen,
ist kaum noch was - von ihr zu finden.

Aber nicht zuletzt - zu ihrem Gedenken,
will ich - ihr hier - Beachtung schenken.

In der früheren Judengasse - war ihr Quartier,
sie stellten fast 10 % der Bevölkerung - hier.

Am Ende dieser Gasse - also Richtung Norden,
ist - 1396 - die erste Synagoge errichtet worden.

In dem heutigen Gebäude - wenn ihr genauer hinschaut,
seht ihr noch die alte Fensterrosette - die dort eingebaut.

Der alte Traustein aus dieser Synagoge - ist zu seh'n,
noch heute - im Israel-Museum - in Jerusalem.

Weil diese - alte Synagoge - mittlerweile viel zu klein,
weihte man - 1905 - die neue - in der Rochusstraße ein.

Dieser Teil - den man heute noch dort sieht,
ist alles - was von der Synagoge übrig blieb.

Unser jüdischer Friedhof - erlangte hier Ruhm,
als der bedeutendste - des rheinischen Judentum.

Die evangelische Johanneskirche

Lückenhaft - wäre unsere - Binger Kirchengeschichte,
wenn ich nicht auch - von der Johanneskirche berichte.

Historisch gesehen - ist sie nicht ganz so interessant,
weil diese Kirche - erst - vor 150 Jahren entstand.

Mehr von ihr berichten - kann ich aber nur so viel,
erbaut ist sie - im neoromanischen Rundbogenstil.

Eines möchte ich noch sagen - an dieser Stelle,
sehenswert ist die Johanneskirche - auf alle Fälle.

Die Franzosen

Wie schon berichtet - wurde Bingen - wie unerhört,
von den alten Franzosen - immer wieder - zerstört.

Unter Napoleon - hat Bingen sogar zu Frankreich gehört,
was uns Binger - damals wohl alle - schon sehr gestört.

Nach der Völkerschlacht bei Leipzig - welch ein Glück,
kehrte Bingen - in den deutschen Staatenbund - zurück.

Da wir nicht nachtragend - ich muss es gestehen,
sind Franzosen - als Touristen - heute gerne gesehen.

Auch pflegen wir - hier in Bingen - seit längerem - lebhaft,
mit zwei französischen Städten - eine Städte-Partnerschaft.

Pfarrer Holzhauser

Auch Pfarrer Holzhauser - ja der hat,
gelebt und gewirkt - in unserer Stadt.

Sein Vorname - der war Bartholomäus,
er legte sich an - mit dem ganzen Klerus.

Holzhauser hatte sich - im 17. Jahrhundert,
über so manchen Priester - sehr gewundert.

Einige haben zu sehr - mit Frauen poussiert,
da hatte er die Pfarrhausordnung - reformiert.

So verfasste er - ein strenges Schreiben,
ab sofort - müssen Priester sauber bleiben.

Es sollte nie mehr bei Priestern und Nonnen,
unkontrolliert - zur Zellenteilung kommen.

Und kaum - dass er gestorben war,
begruben sie ihn - in der Basilika.

Binger Begräbnisstätten

Viele konnten es kaum erwarten - nach Bingen zu streben,
diese sind aber heute - schon lange nicht mehr am Leben.

Sie wurden dann hier begraben - weil wir sind ja zivilisiert,
doch wo die Gräber lagen - ist nicht lückenlos dokumentiert.

Trotz intensiver Suche - mit Beharrlichkeit,
wurde wenig gefunden - aus der Keltenzeit.

Ganz anders - sieht es bei unseren Römern aus,
selbst nach dem Tod - lebten die in Saus und Braus.

Lange Zeit - waren deren Gräber zwar gut versteckt,
doch viele haben wir beim Graben - wieder neu entdeckt.

Richtung Rochusberg - war ein großes Gräberfeld,
und in Bingerbrück - wurden Grabmäler erstellt.

Mit diesen alten Grabsteinen - voller Pracht,
haben sich die Römer - unsterblich gemacht.

Dem Totenkult - aus der Zeit der Franken,
haben wir nur wenig Funde - zu verdanken.

Vielleicht sind deshalb - so wenig Gräber vorhanden,
weil die Franken - schon lange - wieder auferstanden.

Was jedoch alle bis dahin - gemeinsam haben,
die Toten wurden stets - außerhalb begraben.

Unser erster Friedhof - ist offenbar,
der alte Kirchhof - um die Basilika.

So schaffte es - der christliche Glauben,
Gräber - innerhalb der Stadt zu erlauben.

Das ging so - einige hundert Jahre schon,
doch dann kam der - „Code-Napoleon".

Dieses französische Gesetz - hat hier viel bewegt,
so wurde der Friedhof - wieder aus der Stadt verlegt.

Inzwischen ist er - als „Alter Friedhof" - bekannt,
ab 1810 - mancher Binger - dort seine Ruhe fand.

1948 - wurde dort - der Letzte zu Grabe gelegt,
heute wird der Friedhof - als Park noch gepflegt.

Alte Grabsteine - immer noch dort stehen,
die solltet Ihr Euch mal - genauer ansehen.

Ich meine jetzt - einen besonderen Stein,
dessen Text ist schon - ganz schön gemein.

Die ersten Worte - von oben nach unten gelesen,
steht da - „*Wohl ist ihr und auch mir*" - gewesen.

So können wir Binger - in vielen Lagen,
öfters - ein passendes Gedicht aufsagen.

Wenn Ihr weiter - über diesen alten Friedhof geht,
seht Ihr, dass dort - ein altes Kriegerdenkmal steht.

Es ist nach der Zeit - der französischen Besatzung datiert,
weil wir Binger - wurden von Napoleon zwangsrekrutiert.

Errichtet wurde dieses - von den alten Veteranen,
die nach diesem Krieg - wieder nach Hause kamen.

Aber nicht den Gefallenen - tut man dort gedenken,
um jenen - an diesem Ort - Verehrung zu schenken.

Die Heimkehrer taten uns - dieses Denkmal bescheren,
um sich selbst - persönlich - als die Helden zu verehren.

Die Namen der Toten - wurden wohl bewusst verschleiert,
an diesem „Ehrenmal" - hat man nur - sich selber gefeiert.

So werden sie der Nachwelt - in Erinnerung bleiben,
ach ja, wir Binger - wir sind immer - so bescheiden.

Schaut Euch einfach - dort oben - ein bisschen um,
dann entdeckt Ihr - noch so manches Unikum.

Weil sich Bingen - immer weiter ausgedehnt hat,
mussten wir mit dem Friedhof - wieder aus der Stadt.

Seit 1910 - ist er am Rochusberg - zwischen den Reben,
eine weitere Verlegung - werden wir nicht mehr erleben.

Noch eines - was von Euch - nicht jeder kennt,
bis 1934 wurde dort - nach Religionen getrennt.

Der jüdische Friedhof - schon Erwähnung fand,
war schon immer - dort oben - am Waldesrand.

Alte Stadtansichten

Der heute - noch bekannte - Matthäus Merian,
fing auch - im 17. Jahrhundert - fleißig an,

mein geliebtes - goldisches - altes Bingen,
per geritztem Kupfer - auf Papier zu bringen.

So haben später auch - andere Kupferstecher,
in Bingen - geleert - so manchen Becher.

Das würde erklären - warum unsere Stadt,
auf jedem Bild - etwas anders - ausgesehen hat.

Binger Bier

In Bingen - wurde nicht nur Wein angebaut,
nein - hier wurde auch mal - Bier gebraut.

Dies ließ man - schon bald - dann wieder sein,
und konzentrierte sich nur noch - auf edlen Wein.

Weil mit Weintrinkern - speziell mit den Alten,
kann man sich - wesentlich besser unterhalten.

Ja - dieses ist der Weisheit - letzter Schluss,
da ein Biertrinker ständig - auf's Klo rennen muss.

So hat Goethe - in Bingen - wie schon berichtet,
einige Strophen - seines Faustes wohl gedichtet.

Das heißt - zu unserem Binger Wein,
fiel ihm - der folgende Vers dann ein.

„Du siehst - mit diesem Trank im Leibe,
bald Helennen - in jedem Weibe."

Die Rheinromantik

Im 19. Jahrhundert - gaben sich hier bei uns am Rhein,
Clemens Brentano und Victor Hugo - ein „Stelldichein".

Die haben in Bingen - auch tolle Verse ersonnen,
die Zeit der Rheinromantik - hatte jetzt begonnen.

Victor Hugo - wohl hier - seinen „Quasimodo" ersann,
als er nach etwas Wein - stark gebückt nach Hause kam.

Wenn nun von Euch - es nicht jeder - gleich erkannte,
er ist der „Glöckner von Notre Dame" den ich benannte.

Mitte des 19. Jahrhunderts - zog der Fortschritt bei uns ein,
Dampfschiffe und Eisenbahn - kamen zu uns an den Rhein.

So war genau - seit diesen Stunden,
die ganze Welt - mit Bingen verbunden.

Die Verkehrsmittel - kamen pünktlich in Bingen an,
- damals - und nicht wie heute - so manche Bahn.

Ist heute ein Zug pünktlich - so könnt Ihr es lesen,
war das mit Sicherheit - der - vom Vortag gewesen.

Für den Tourismus - waren wir - sofort parat,
wir bauten Luxushotels - und das Helenenbad.

Hotel „Weisses Ross"

Diesem „Glanz und Gloria" - konnte kein Gast widerstehen,
solch' Größe und Anmut - hat Bingen - nie wieder gesehen.

So haben wir uns präsentiert - für die Prominenz mit Namen,
die damals - alle miteinander - nur nach Bingen kamen.

Sie stemmten hier - so manchen Humpen,
und schluckten - wie die Kreiselpumpen.

Extra für das Helenenbad - weil hier keine Quellen waren,
wurde Thermalwasser - aus Kreuznach - zu uns gefahren.

Vielleicht bin ich als Binger - etwas voreingenommen,
aber auf eine solche Idee - da muss man erst kommen.

Wegen diesem - genialen Einfall - den wir ausgedacht,
hätte man um ein Haar uns zu - „Bad Bingen" gemacht.

So war damals auch touristisch - Bingen der Nabel der Welt,
dass dieses heute wieder so wird - investieren wir viel Geld.

Nach dem Wiener Kongress - schlug man unterdessen,
Bingen mit Umgebung - zu dem Großherzogtum Hessen.

Das Denkmal - vom Ludwig - aus diesen Tagen,
steht heute - wieder - in unseren Rheinanlagen.

Ab 1816 - war die Nahe die Grenze - was sehr gestört,
weil Bingerbrück - hat ab dann - zu Preußen gehört.

Ja - diese Grenze - war ein echter Störenfried,
wir fühlten uns alle - wie im Zonenrandgebiet.

Damit wir diese Zeit - so schnell nicht vergessen,
liegt Bingen heute noch - im Gebiet „Rheinhessen".

1883 - hat Kaiser Wilhelm - drüben auf der „schepp Seit",
unsere Germania - als Niederwald-Denkmal - eingeweiht.

Nach dem einen gewonnenen Krieg - gegen die Franzose',
wurde sie gegossen - aus deren Kanonen - in dieser Pose.

Seit dieser Zeit - steht sie - über Rüdesheim,
als Kaisers - „Deutsche Wacht am Rhein".

Wieso die Rüdesheimer so stolz sind - ist nicht zu verstehen,
weil von dort ist unsere Germania - nämlich kaum zu sehen.

Und wem winkt sie denn zu? - mit ihren Fingern,
na wem wohl? - natürlich nur uns - den Bingern.

Deshalb war sie schon immer - nur Bingen zu gewand,
von uns wird sie liebevoll - „Miss Germany" genannt.

Die Hindenburgbrücke

Früher gab es bei uns - eine Brücke über den Rhein,
viele von uns wünschen sich - es würde wieder so sein.

Heute seht Ihr nur noch - von dieser Brücke,
in Kempten - ein paar alte - Trümmerstücke.

1905 erbaut - ursprünglich für die Eisenbahn,
später konnten auch Autos - über diese fahr'n.

Und weil wir so weltoffen - wie schon berichtet,
wurde sie - von italienischen Arbeitern errichtet.

1945 - hat man die Brücke - dann gesprengt,
und somit - endgültig - im Rhein versenkt.

Wie so vieles hier - hatte auch sie - eine Besonderheit,
die Brücke hatte die längste Spannweite - zu ihrer Zeit.

Unsere Straßenbahn

Was sich heute - kaum einer vorstellen kann,
mitten durch Bingen - fuhr eine Straßenbahn.

War diese voll besetzt - wurde es einem bang,
weil sie dann - aus ihren Schienen sprang.

Von uns Bingern - fing da - niemand an zu toben,
wir stiegen aus - und haben sie wieder ins Gleis gehoben.

Kann sein - dass dieses - gegen die Vorschrift verstößt,
aber so haben wir Binger - schon immer Probleme gelöst.

Ab 1905 - hatte sie sich - durch die Innenstadt gewunden,
und ist - seit 1955 - aus dem Straßenbild verschwunden.

So werden wir seit Mitte - der fünfziger Jahre,
mit den Omnibussen - überall hin gefahre'.

Manchmal - vermissen wir - unsere Straßenbahn schon,
mit Sicherheit wäre sie heute - eine Touristenattraktion.

Der Karneval

Ins Jahr 1833 - muss ich zurück - weil's da geschah,
seit dem ist der Karneval hier - dokumentarisch nachweisbar.

Mit der politisch-literarischen - „Saal-Fassenacht",
hat sich Bingen neben Mainz - einen Namen gemacht.

In Düsseldorf und Köln - gibt es mehr den Straßenkarneval,
wie gesagt - mehr politisch-literarisch - bei uns hier im Saal.

Da wird - so manchmal - offen gesagt,
was der Obrigkeit - nicht ganz behagt.

Dies gilt seit den Franzosen - und es sei - wie es sei,
nicht nur die Gedanken - auch der Narr ist hier frei.

So gibt es hier bei uns - in Bingen am Rheine,
viele Narren - und zehn verschiedene Fastnachtsvereine.

Das 20. Jahrhundert

Ich versuche hier jetzt - in der Tat,
einen gedanklich - schwierigen Spagat.

1933 kam leider auch - „das braune Heil" - nach Bingen,
doch diese tausend Jahre - will ich jetzt überspringen.

Weil der Bahnhof Bingerbrück - zu den Wichtigsten gehört,
wurde Bingen - im zweiten Weltkrieg - zu 2/3 zerstört.

Und was die vielen Bomben - im Krieg nicht geschafft,
hat die Stadtsanierung - 25 Jahre später - weggerafft.

Wie toll Bingen früher aussah - ich muss es gestehen,
könnt Ihr heute - nur noch - auf alten Postkarten sehen.

Binger Straßennamen

Was früher in Bingen - an Zünften und Gebäuden gewesen,
könnt Ihr heute noch - an Hand - vieler Straßennamen lesen.

Doch bei manchen Straßen - ist nicht gleich zu erkennen,
welche Bedeutung deren Namen - für diesen Ort nennen.

So die Scharngasse - oder wie früher auch „Auf der Scharn",
benennt das Viertel - in dem damals die Fleischhauer war'n.

Scharn war ein Verkaufstisch - in Vergangenheit,
auf dem wurde meist - auch das Fleisch geteilt.

Bei fehlender Hygiene - und Gestank kann jeder ermessen,
die „Scharn" - gehörte nicht - zu Bingens ersten Adressen.

In unserer Löhrgasse - konnte man damals die Lohe erwerben,
sie ist gemahlene Eichenrinde - die braucht man zum Gerben.

Die wahre Größe dieser Gasse - ist auch nicht ganz „Ohne",
vermutlich ist sie Deutschlands - älteste Fußgängerzone.

Die Leitergasse ist die tollste - von allen Binger Gassen,
die konnte man wirklich - nur über eine Leiter verlassen.

In der Badergasse - da wohnten im Mittelalter - die Bader,
wir Binger hatten für Reinlichkeit - schon immer eine Ader.

Dort haben wir aber nicht nur gebadet - ungeniert,
von den Badern - wurden die Männer auch rasiert.

Und auf besonderen Wunsch - ganz ungelogen,
haben die einem auch - ein paar Zähne gezogen.

So war die Badergasse - ich sag's Euch brühwarm,
für uns Binger - die mittelalterliche - Schönheitsfarm.

Ein Stadtviertel in Bingen - das nennen wir „die Grube",
im Mittelalter befand sich hier mal - unsere „gute Stube".

Vorher war da - ein fränkischer Saalhof umgeben,
mit großen - und sehr tiefen - Befestigungsgräben.

So haben wir den Namen „Grube" - zu verdanken,
dem alten Befestigungsgraben - unserer Franken.

In der Beuchergasse - da waren die Beucher daheim,
so wurden die Tuchfärber genannt - ganz allgemein.

Der Begriff „beuchen" - wurde dann gebraucht,
wenn man die Stoffe - in heiße Lauge taucht.

Unsere Hasengasse - ist schon seit 1415 bekannt,
sie wurde nach einem - alten Hausnamen benannt.

Die Gaustraße führte damals - zu einem Gau,
das könnt Ihr mir glauben - das weiß ich genau.

Mit Gau bezeichnet man - kurzerhand,
ein in der Ebene liegendes - Ackerland.

Das war ein kleiner Abriss - von Binger Straßennamen,
und wie sie - irgendwann einmal - zu Stande kamen.

Die Fachhochschule

Bei uns in Bingen - kann man sogar studieren,
davon unsere Gastronomen - sehr profitieren.

Elektrotechnik-, Maschinenbau- und einen Agrar-Lehrstuhl,
das gibt es - hier in Bingen - an unserer Fachhochschul'.

Und noch etwas, - was nicht jeder weiß,
wir haben die größte Volkshochschule - hier im Kreis.

So sage ich es jetzt - und das ist nicht übertrieben,
Bildung wurde hier - schon immer groß geschrieben.

Einer unserer Studenten - da rede ich keinen Stuss,
war wirklich - der Erfinder - vom Reißverschluss.

Ja ohne Reißverschluss - da guckt mancher „bleed“,
wenn ihm die Hose - nicht schnell genug - auf geht.

Reiseziel Bingen

Bingen hat nun mal - ein besonderes Flair,
deshalb kamen stets - berühmte Leute hierher.

Jeder - der ein bisschen etwas - auf sich hält,
hat Bingen als Reiseziel - einmal ausgewählt.

Wollt Ihr selbst einmal - zu Ruhm gelangen,
so habt Ihr mit dem Wichtigsten - schon angefangen.

Denn in Eurer Biographie - da wird man lesen,
auch ihr - ward schon mal - in Bingen gewesen.

Auf eines - konnte man sich stets verlassen - bis heute,
in Bingen lebten - fast immer nur - sehr lustige Leute.

Ich sage es hier - auch nicht übertrieben,
uns Binger - muss man - einfach lieben.

Soll ein Binger - Euch in sein Herz - einschließen,
so müsst Ihr ihm - ein Gläschen Wein eingießen.

Diese wunderbare Freundschaft - die wird riesengroß,
weil den Binger werdet Ihr - so schnell nicht mehr los.

Wir waren schon immer - und das zu allen Zeiten,
sehr weltoffen - wer will dies auch nur bestreiten.

Auf Toleranz - legen wir - sehr großes Gewicht,
solange man uns - in keinen Fall - widerspricht.

Und diese Erkenntnis - die bringt es ans Licht,
wer nach allen Seiten offen - der ist nicht ganz dicht.

Wir haben in Bingen - schon immer mitgedacht,
und stets über alles - unsere Gedanken gemacht.

Deshalb erzählen Sie nie - etwas über Ihre Person,
wenn Sie fort sind - dann - machen wir das schon.

Damit stehen wir hier - nicht so ganz allein,
wahrscheinlich - wird das - überall so sein.

Jetzt bin ich - etwas abgeschweift, - was auch so gewollt,
doch zurück zu ein paar Fakten - die Ihr noch wissen sollt.

Bingen heute

Bingen lebte schon immer - im historischen Wandel,
vom Rhein - als Transportweg - also vom Handel.

Ganz wichtig - ich glaube - ich erwähnte es schon,
vom Wein - und von der Spirituosen-Produktion.

Vor einigen Jahren noch - da hieß es - ganz allgemein,
die „Spirituosen-Hauptstadt" - das ist Bingen am Rhein.

Fast alle geistigen Getränke - welche damals bekannt,
wurden in Bingen abgefüllt - oder sogar hier gebrannt.

Mittlerweile - sind viele Kellereien - leider fort,
geschlossen - verkauft - oder an einen anderen Ort.

Die Globalisierung - in ihrer bizarren Gestalt,
machte leider - auch vor Bingen nicht halt.

Der Rhein ist - wenn man die Schiffstonnage zählt,
heute die zweitgrößte - Binnen-Wasserstraße der Welt.

Nur auf dem Mississippi - das ist so belegt,
wird noch mehr Fracht - per Schiff bewegt.

Seit dem die Industrie - in Bingen wurde schlanker,
geht kaum noch - ein Frachtschiff - hier vor Anker.

Auch wenn man es nicht - so richtig versteht,
wird die Fracht bei uns - nur auf der Straße bewegt.

Auch Güterzüge fahren heute - nur noch an Bingen vorbei,
doch die Zahl unserer Bahnsteige - geht bis zweihundertdrei.

Das Binger Loch

Nicht zuletzt erwähnen - möchte ich noch,
unser - weltberühmtes - Binger Loch.

Diese Stromschnelle - hier im Rhein - war sehr gefährlich,
für die Schifffahrt - waren Rheinlotsen - nicht entbehrlich.

Weil dieses Riff - bei uns die Fahrrinne verengt,
wurde es - vor ein paar Jahren - fortgesprengt.

So haben jetzt die Rheinschiffe - im Loch freie Bahn,
und die Rheinlotsen gehören - der Vergangenheit an.

Doch nicht geändert - bis heute - das hat sich eins,
vor uns das Binger Loch - und dort hinten liegt Mainz.

Was Ihr jetzt wieder - für schlechte Gedanken habt,
ich meinte doch nur Mainz - unsere Landeshauptstadt.

Heute ist Bingen eine große - kreisangehörige Stadt,
die mit ihren 7 Vororten - über 25.000 Einwohner hat.

Noch etwas - haben wir hier in Bingen - jedenfalls,
die erste Oberbürgermeisterin - von ganz Rheinland-Pfalz.

Jetzt kann ich es - Euch anvertrauen,
in Bingen gab es schon immer - starke Frauen.

Und noch was - verrate ich Euch - als Kenner,
bei uns gibt es noch mehr - schöne Männer.

Da in Bingen - nur das Wahre - und Schöne wohnt,
haben sich unsere Anstrengungen - endlich gelohnt.

Denn wir haben es - voller Stolz - fertigt gebracht,
nach Bingen kommt die Landesgartenschau - 2008.

Selbst die Unesco erklärte Bingen - wie konnt's anders sein,
zum Weltkulturerbe - wie auch - den oberen Mittelrhein.

Schon Carl Zuckmayer schrieb es - ganz ohne Tadel,
hier bei uns am Rhein - da wohnt der natürliche Adel.

Ewig könnte ich von Bingen - weiter schwärmen Ihr Leut',
doch das verbietet mir - meine angeborene Bescheidenheit.

Zusammengefasst gesagt - wenn man Bingen ansieht,
steht Ihr - historisch gesehen - auf geweihtem Gebiet.

Was in den letzten Jahrhunderten - verschwunden,
wird einmal ausgegraben - also wieder gefunden.

Und damit - unterirdisch - nicht so viele Schäden entstehen,
empfiehlt es sich - ganz vorsichtig - durch Bingen zu gehen.

So - jetzt wisst Ihr fast alles - über unsere schöne Stadt,
die so viel Vergangenheit - und noch mehr Zukunft hat.

Wenn Ihr nun begonnen habt - Euch in Bingen zu verlieben,
so habe ich dieses Gedicht - nicht ganz umsonst geschrieben.

Ich lasse Euch jetzt - mit Eueren Gedanken allein,
wir sehen uns - so hoffe ich - in Bingen am Rhein.

© 2006 Karl-Josef Jungerts

Quellenangabe

„Geschichte des Schlosses Klopp"
von J.H.A. Hockenbeck, 1882

„Der Binger Mäuseturm"
„Alt Bingen"
„Binger Annalen"
von Friedrich Rudolf Engelhardt

„Die Binger St. Rochuskapelle von 1895"
„Die Binger St. Rochusbruderschaft von 1754"
„Auf den Spuren Hildegards in Bingen"
von Prof. Dr. Josef Krasenbrink

„Binger Geschichtsblätter"
Folgen 1 bis 22 einschl. der Sonderausgabe,
herausgegeben von der Historischen Gesellschaft Bingen e.V.

Heimatjahrbücher des Landkreis Mainz-Bingen

Historisches Museum am Strom - Hildegard von Bingen

Stadtarchiv der Stadt Bingen am Rhein

Amt für Touristik der Stadt Bingen am Rhein

Landesarchivverwaltung Rheinland-Pfalz
Landeshauptarchiv Koblenz
Landesarchiv Speyer

Unzählige - diverse - Internet-Recherchen

Für die freundliche Unterstützung
bedanke ich mich bei:

Helmut Conrad

Gerhard Hoffmann geb. Hebermehl

Horst-Dieter Kossmann

Dr. Matthias Schmandt